UN TRAIT D'UNION
ENTRE L'AMÉRIQUE ET LA FRANCE

LA FAYETTE

DISCOURS

PRONONCÉ PAR

MONSEIGNEUR IRELAND

ARCHEVÊQUE DE SAINT-PAUL

A l'Inauguration du monument de La Fayette

PARIS, 4 JUILLET 1900

Librairie Académique PERRIN et Cⁱᵉ.

LA FAYETTE

UN TRAIT D'UNION
ENTRE L'AMÉRIQUE ET LA FRANCE

LA FAYETTE

DISCOURS

PRONONCÉ PAR

MONSEIGNEUR IRELAND

ARCHEVÊQUE DE SAINT-PAUL

A l'Inauguration du monument de La Fayette

(PARIS, 4 JUILLET 1900)

PARIS
LIBRAIRIE ACADÉMIQUE DIDIER
PERRIN ET Cⁱᵉ, LIBRAIRES-ÉDITEURS
35, QUAI DES GRANDS-AUGUSTINS, 35
1900

AVERTISSEMENT DE L'ÉDITEUR

Il y a quelques années, M. Robert J. Thompson, de Chicago, convia la jeunesse des États-Unis à souscrire pour l'érection d'un monument à La Fayette, qui serait offert à la France « en mémoire reconnaissante ».

Son appel fut entendu, et la « La Fayette Memorial Commission » se forma pour recueillir les fonds nécessaires.

Deux cent cinquante mille francs furent trouvés parmi la jeunesse américaine, et le Congrès, de son côté, offrit deux cent cinquante mille francs.

Cette somme, votée par le Congrès, fut affectée à la frappe de cinquante mille dollars spéciaux, frappés à la double effigie de La Fayette et de Washington.

Les dollars, dont le coin fut immédiatement détruit, firent rapidement prime sur le marché américain ; et l'augmentation de valeur qu'ils subirent assura l'achèvement du monument, qui coûta en tout 750.000 francs.

MM. J.-L.-A. Ward, doyen des sculpteurs américains et président de la Société des sculpteurs d'Amérique, George B. Bost, président de l'Institut américain d'architecture, et John Lefarge, président de la Société des artistes américains, dirigèrent la construction du monument.

L'emplacement demandé par le Comité américain était le square de la place du Carrousel.

Le Gouvernement français, pressenti, accepta « avec plaisir et gratitude » l'offre faite par les États-Unis, et accorda l'emplacement demandé, qui devait prendre le nom de square La-Fayette.

Les fêtes de l'Exposition Universelle offraient une occasion d'élite pour cette manifestation d'amitié entre deux grandes Républiques.

On décida d'installer un monument provisoire en staffe, maquette du monument définitif.

A l'approche de cette cérémonie, le Congrès américain vota la résolution suivante :

« Attendu que les enfants des écoles des États-Unis ont, par leur souscription volontaire de 50.000 dollars (250.000 francs), consacré à La Fayette une statue, qui doit être, avec l'assentiment du Gouvernement français, découverte à Paris le 4 juillet 1900 ;

« Attendu que les États-Unis, par un acte du Congrès, dûment approuvé le 3 mars 1899, ont affecté une somme de 50.000 dollars (250.000 fr.) à l'édification d'un piédestal pour ladite statue ;

« Le Sénat et la Chambre des représentants des États-Unis d'Amérique, assemblés en congrès, décident :

« La nation des États-Unis envisage et apprécie cette cérémonie avec la plus grande satisfaction :

« Elle considère la statue comme l'expression même des sentiments de vénération et de reconnaissance avec lesquels elle chérit la mémoire de La Fayette et celle des Français qui ont contribué par leurs armes et leurs conseils à assurer l'indépendance des États-Unis. »

La Chambre des députés, à la date du 2 juillet, répondit par la résolution suivante :

« La Chambre des députés exprime à la nation américaine la gratitude de la France pour le don d'un monument qui perpétuera, entre les deux républiques, les souvenirs qui leur sont également chers. (*Vifs applaudissements.*) »

Le monument a été inauguré, le 4 juillet, en présence de M. le Président de la République Française, de M. le Président du Sénat, de M. le Président de la Chambre des députés, de S. Exc. Mgr Lorenzelli, nonce apostolique, des Ministres des Affaires étrangères, de la Justice, du Commerce, de l'Instruction publique et des Travaux publics.

Mgr Ireland, archevêque de Saint-Paul-de-Minnesota, avait été chargé par le Comité de prononcer le discours d'inauguration.

M. le général Porter, ministre des États-Unis,

présenta l'orateur en donnant lecture d'une
lettre adressée par M. Mac-Kinley, président de
la République, à M⁰ʳ Ireland, lettre qu'on
trouvera plus loin.

A l'issue de cette lecture, M⁰ʳ Ireland pro-
nonça le discours que nous publions, et que
saluèrent d'enthousiastes applaudissements.

*
* *

M⁰ʳ Ireland a été, en cette circonstance, le
porte-paroles de l'Amérique tout entière.

Sans distinction de confessions, sans distinction de classes, sans distinction d'opinions politiques, les citoyens des États-Unis ont con-
fondu leurs cœurs et leurs voix; et l'archevêque
de Saint-Paul a été chargé d'être l'organe de
cette concentration nationale, concentration de
souvenirs, de reconnaissances, de souhaits.

L'Amérique, en ce jour, a répondu brillam-
ment à ces ombrageux détracteurs qui l'accu-
saient de se complaire exclusivement dans les

préoccupations matérielles et dans la recherche du développement économique.

Les raffinements de la civilisation, l'opulence de l'industrie, l'effort continu pour obtenir un rang d'élite sur le marché du monde, n'empêchent point l'Amérique d'avoir un idéal, d'y tenir constamment les yeux fixés, de maintenir avec piété, dans le passé, les racines de cet idéal, et de travailler, pour l'avenir, à le faire s'épanouir, toujours plus large et toujours plus haut.

La voix de Mgr Ireland a prouvé à la République Française que la jeune Amérique, qu'il est convenu d'appeler un pays nouveau, a déjà une tradition, et que cette tradition, intimement associée au souvenir des ancêtres de la Guerre de l'Indépendance, pieusement léguée de génération en génération, est plus vivace que jamais au cœur de la jeunesse américaine.

Que cette jeunesse, à une époque où la gratitude, dans le domaine de la politique, passe pour une vertu surannée, ait tenu à glorifier La

Fayette et la France, c'est un fait qui honore le cœur de l'Amérique.

Et que, dans ce pays en majorité protestant, un prélat catholique ait été choisi par le pouvoir et par les citoyens pour porter publiquement la parole devant les autorités de la République française, c'est un fait qui témoigne des hautes maximes de tolérance et de largeur qui caractérisent la politique américaine.

L'Éditeur.

LETTRE DE M. MAC-KINLEY

PRÉSIDENT DE LA RÉPUBLIQUE DES ÉTATS-UNIS

A Mgr IRELAND

———

Executive Mansion, Washington, le 11 juin 1900.

Au Très Révérend John Ireland, Archevêque de Saint-Paul

CHER MONSIEUR,

J'ai approuvé, il y a quelques jours, une résolution du Congrès, qui exprime comme il convient la profonde sympathie avec laquelle notre peuple envisage la présentation à la France par la jeunesse américaine d'une statue du général La Fayette. Ce fut pour moi un grand plaisir d'apprendre que c'est vous qui avez été chargé de prononcer le discours d'inauguration en cette circonstance du plus haut intérêt.

On ne pouvait choisir un représentant plus

éminent de l'éloquence et du patriotisme américains, ni personne qui fût mieux à même de donner une digne expression aux sentiments de gratitude et d'affection qui lient notre peuple à la France.

Je vous serai reconnaissant de vouloir bien dire combien nous honorons, dans notre capitale nationale, la statue de La Fayette, que le peuple de France y a érigée, et transmettre mon espoir que la présentation d'un semblable monument commémoratif du soldat chevaleresque que les deux Républiques sont fières de revendiquer, servira à former un nouveau lien d'amitié entre les deux pays et à créer un nouveau stimulant à rivaliser d'efforts généreux pour le bonheur de l'humanité.

Votre bien sincèrement dévoué,

Signé : William MAC-KINLEY.

DISCOURS DE MGR IRELAND

———

Monsieur le Président,

Bienveillants amis de France,

Concitoyens des États-Unis,

Aujourd'hui, une nation vient dire sa gratitude à une nation : l'Amérique vient proclamer qu'elle n'a pas oublié et qu'elle n'oubliera pas les services incomparables que lui a jadis rendus la France.

France, l'Amérique te salue, l'Amérique te remercie. Envers toi ses obligations sont grandes ; mais sa gratitude n'est pas au-dessous de ses obligations.

Nous parlons à la France au nom de l'Amérique. Nous sommes les porte-paroles de son premier magistrat, William Mac-Kinley, des membres de son Congrès national, de la jeunesse de ses nombreuses écoles, des soixante-quinze millions de citoyens, qui tous sont heureux de jouir du riche patrimoine gagné, au siècle dernier, par les armées alliées de l'Amérique et de la France. Nous avons le mandat solennel de faire entendre au monde entier la gratitude de l'Amérique envers la France.

Autrefois, nation faible et pauvre, ayant besoin de sympathie et de secours: aujourd'hui l'égale des plus puissantes, se suffisant à elle-même, ne demandant rien à personne, sauf le respect et l'amitié auxquels ses mérites lui donnent droit, la République des États-Unis d'Amérique garde le plus doux souvenir du chevaleresque appui qui lui vint de la France au jour de ses épreuves.

Chez les nations comme chez les hommes, la grandeur d'âme conseille le pardon des injures; elle enjoint le souvenir des bienfaits.

*
* *

Le quatrième jour du mois de juillet de l'année 1776, les colonies américaines de la Grande-Bretagne proclamèrent leur liberté et leur indépendance. Une nation naissait. Elle naissait au nom des Droits de l'homme et des Droits du citoyen, au nom de la Liberté civile et politique. Mais bientôt des flottes et des armées traversaient l'Océan pour réduire à néant la proclamation de l'Amérique. Bien qu'une portion notable du peuple de la Grande-Bretagne ne fût pas hostile à l'Amérique, bien que les droits civils et politiques, pour la défense desquels les colons s'étaient insurgés, fussent pour la plupart identiques à ceux que le peuple anglais avait hautement réclamés pour lui-même, le roi et le Parlement avaient déclaré que la liberté ne régnerait pas en Amérique.

La guerre éclata. La nation qui venait de naître allait-elle pouvoir vivre? ou bien la liberté, sous l'inspiration de laquelle elle avait pris forme, allait-elle être bannie de la terre sous les regards anxieux de l'humanité? Tel était l'enjeu fatal jeté dans la balance de la destinée!

Bunker Hill, Trenton, Monmouth, Saratoga, nous disent l'habileté des chefs et la bravoure des soldats de l'armée américaine. Certes, si la vaillance du cœur et la force du bras pouvaient toujours amener la victoire, la victoire serait toujours venue

au-devant des étendards de Washington et de ses
volontaires. Mais encore l'Amérique pouvait-elle
s'attendre à un triomphe définitif? Il lui fallait
recruter des défenseurs parmi une population fort
limitée; elle manquait d'argent pour acheter des
vivres et des vêtements, des armes et des muni-
tions; elle n'avait pas de marine; et ainsi, petite
et dépourvue, elle se mesurait avec une nation dont
le trésor était inépuisable, dont les soldats étaient
légion et dont les navires sillonnaient tous les
océans du globe. Il y avait de jour en jour, pour
l'Amérique, le danger d'une écrasante défaite sur
le champ de bataille. Il y avait à craindre que le
sombre désespoir n'obscurcît ses cieux, n'engourdît
ses âmes et ne la rendît impuissante même à mettre
à profit les minces ressources qui lui restaient.

Il y a un pays qui, plus que tout autre, est le
pays du sentiment chevaleresque, des nobles impul-
sions, des généreux sacrifices et de l'absolu dévouement à l'idéal. Là, la nature elle-même se charge
de mettre les âmes à l'unisson du vrai et du beau.
Aussi, à l'appel d'un principe élevé, ses fils se
jettent-ils d'instinct dans l'arène, résolus, coûte
que coûte, à lui donner actualité dans la vie cou-

rante de l'humanité. Les pages de son histoire étincellent de noms de héros et de martyrs, de magnanimes soldats et d'évangéliques missionnaires. C'est de la France que je parle!

Vers la fin du siècle dernier, la France était, plus que jamais, prête à répondre à un appel lui venant au nom des droits de l'humanité. Déjà, en effet, l'esprit de la liberté planait au-dessus d'elle pour ne plus jamais la quitter, dût-il se voir, à maintes reprises, cruellement déçu dans ses aspirations, tantôt par les sanglantes folies de ses amis, tantôt par l'oppressive violence de ses ennemis.

C'est vers la France que se tourna l'Amérique pour lui confier ses craintes et ses espérances. Les envoyés d'Amérique plaidèrent leur cause à Paris ; la réponse de la France fut prompte et généreuse.

Gilbert du Motier, marquis de La Fayette! Oh! fût-il donné à mes paroles d'exprimer le brûlant amour que les patriotes de la Révolution américaine portèrent à cet illustre fils de la vieille Auvergne! Oh! fût-il donné à mes lèvres de prononcer son nom avec cette révérence avec laquelle mes compatriotes d'Outre-Mer voudraient que je le prononce aujourd'hui devant le peuple de France !

En Amérique, deux noms sont les idoles du culte national, le thème des contes du coin du feu, le refrain du chant du poète, l'inspiration du discours de l'orateur : le nom du père de la patrie, Washington, et celui du fidèle ami de Washington, La Fayette !

Il serait étrange, en vérité, que l'Amérique ne chérît pas le nom de La Fayette. Il aimait l'Amérique. « Dès que j'entendis le nom de l'Amérique, dit-il, je l'aimai ; dès que j'appris la nouvelle de ses efforts pour obtenir sa liberté, je fus enflammé du désir de verser mon sang pour elle. » Mieux que les autres hommes de son temps il comprenait la signification de la lutte de l'Amérique. « Jamais, dit-il, un but plus noble ne s'était offert au jugement des hommes : c'était la lutte suprême pour la liberté, que la défaite de l'Amérique aurait laissée sans patrie et sans espoir. » Son dévouement à l'Amérique était aussi désintéressé qu'il était intense. « Je m'offre, écrivit-il, à servir les

États-Unis avec tout le zèle possible, sans pension, sans traitement. »

Richesses et rang, faveurs de la cour et du roi, hautes distinctions dans le service de son pays, tendresses de son épouse et de son enfant : tout ce que l'ambition pouvait convoiter et l'opportunité promettre, cet adolescent de dix-neuf printemps le mit résolument de côté pour unir son sort à celui d'un peuple faible et presque inconnu, et cela au moment où la fortune de ce peuple était le plus précaire et où la victoire semblait avoir abandonné à jamais ses étendards. Quand l'envoyé d'Amérique lui eut tristement avoué qu'il n'était pas même en état de lui fournir un vaisseau pour le transporter au-delà de l'Océan, La Fayette répliqua : « Alors j'en achèterai un moi-même, et j'emmènerai avec moi tous ceux qui voudront m'accompagner. »

Investi d'un commandement dans l'armée de l'Indépendance, La Fayette fut toujours « le preux chevalier, sans peur et sans reproche ». Les plus belles traditions des armées de France reparurent : Roland, Duguesclin, Bayard revivaient dans les camps et sur les champs de bataille d'Amérique.

Toujours le premier à l'attaque, il était le dernier à la retraite. Quand son cheval tombait, il
combattait à pied. Le sang ruisselant de ses bles-
sures, il faisait encore face à l'ennemi. Ses soldats
faiblissaient-ils devant les masses écrasantes des
adversaires, il les contraignait, par son inébranlable courage, à tenir leur terrain et ainsi chan-
geait la défaite en victoire. « Le Marquis, dit un
rapport officiel, veut à tout prix être au chemin
du danger. »

Téméraire quand la témérité était à propos, il
savait être lent et rester maître de lui-même quand
la hâte eût été fatale. « Ce noble soldat, écrivait
Washington, joint à tout le feu militaire de la
jeunesse une maturité de jugement peu com-
mune. » Washington connaissait bien les hommes,
et il n'accordait sa confiance que là où il la savait
bien méritée. Aussi chargea-t-il La Fayette d'en-
treprises très importantes et très périlleuses, que
celui-ci conduisit toujours avec une habileté con-
sommée. On se perd dans l'étonnement à la pensée
que ce jeune homme, dépassant à peine sa ving-
tième année, fut capable de déployer tant de pru-

dence et d'adresse dans certaines opérations de guerre à lui confiées.

Sa position à Barren-Hill était tellement désespérée, sa défaite si imminente, que le général Howe, avant de marcher contre lui, invita des amis à se trouver à dîner avec un marquis captif. Quand l'heure du dîner arriva, La Fayette et sa petite armée étaient à l'abri du danger, et le présomptueux général demeurait seul avec sa colère et son désappointement.

L'importante et difficile campagne de la Virginie fut entièrement conduite par La Fayette. Les forces de l'ennemi dépassaient de quatre contre un celles du général américain ; elles avaient — ce qui manquait tant à celles-ci — d'abondants approvisionnements et un équipage parfait ; elles étaient commandées par des chefs rompus à l'art de la guerre, le général Philips d'abord, ensuite lord Cornwallis. « Le petit garçon ne saurait m'échapper, disait lord Cornwallis » ; mais le petit garçon lui échappa bel et bien, fit échouer tous ses plans et harassa tellement ses troupes que le général anglais dut se retirer vers la mer pour attendre là les développements de la campagne.

Resté en possession de la Virginie, La Fayette se trouva bientôt à même de rendre un service de la plus haute importance, indispensable même, dans ce qui devait être la scène finale de la guerre de la Révolution : ce fut de retenir Cornwallis à Yorktown en attendant l'arrivée de Washington et de Rochambeau. C'était maintenant le tour du « petit garçon » de dire : « Le général ne saurait m'échapper ! »

Par sa magnanimité et par la grâce de ses manières, non moins que par ses prouesses militaires, La Fayette gagna tous les cœurs et devint l'idole de l'armée américaine. Il fut Américain jusque dans les recoins les plus intimes de son âme, aussi fier de l'Amérique que le plus fier de ses patriotes ; le champion de son honneur et de son nom contre tous contestants. Telle était sa résignation, et même sa gaieté, à supporter les rudes souffrances auxquelles l'armée américaine était si souvent exposée qu'il faisait honte aux officiers et aux soldats et les forçait à taire leurs plaintes. A plus d'une reprise il engagea sa fortune personnelle pour acheter des vêtements et des vivres aux soldats qui ne le connaissaient que sous le nom d'« ami du soldat » ou « notre marquis ». Au camp, comme sur le champ de bataille, son ascendant était sans bornes : le mot d'encouragement tombé de ses lèvres relevait le soldat abattu ; le mot du commandement le lançait à corps perdu contre l'ennemi. Le marquis de Chastellux, lors d'une visite au camp américain, ne put s'empêcher de remarquer : « Jamais on ne parle de La Fayette sans témoignage manifeste d'attachement et d'affection. »

Comme tout vrai soldat, il aimait la gloire. Cependant, sur la moindre indication que le bien général réclamait d'autres plans, il laissait passer l'occasion qui la lui promettait. Plus d'une fois, quand de brillants faits d'armes étaient à portée de main, il céda, pour la concorde, son droit de priorité au commandement. Rarement on retrouve dans l'histoire des hommes de guerre la grandeur d'âme et la tendresse de cœur que montra La Fayette lorsque, devant Yorktown, il attendit l'arrivée de Washington, afin que l'honneur de la victoire revînt au commandant en chef. De Grasse et Saint-Simon étaient déjà dans la baie de Chesapeake. La Fayette, par droit de rang, était au commandement. On n'avait donné aucun ordre qui restreignît sa liberté d'action. Les règles ordinaires de l'art militaire conseillaient l'attaque. De Grasse et Saint-Simon, impatients de retourner à leur tâche dans les Antilles, la demandaient. Le succès paraissait assuré, et La Fayette aurait eu toute la gloire du conquérant ; mais sourd à la voix de l'ambition personnelle, aussi bien qu'aux instances de ses amis, La Fayette attendit Washington.

***

Si insignes qu'ils soient, les services de La Fayette dans nos camps et sur nos champs de bataille ne forment que la moindre part de sa contribution à l'indépendance de l'Amérique. Son œuvre par excellence — celle qui nous était indispensable — il l'accomplit en qualité de « trait d'union, comme il s'appelait, entre la France et l'Amérique ». Son enrôlement dans l'armée américaine — désapprouvé alors par la cour de France pour des raisons de politique — était par lui-même un signe non équivoque de la profonde sympathie

qu'on éprouvait en France pour la cause américaine ; il ne pouvait manquer de réconforter les
patriotes américains en leur donnant une conscience
de plus en plus nette de la justice et de la noblesse
de leur but, avec l'espoir que, bientôt, la France
leur octroyerait des bienfaits encore plus signalés.
Plus tard, lorsque cet espoir se réalisa et que les
vaisseaux du comte d'Estaing déployèrent le drapeau de France sur les mers d'Amérique, la sage
médiation de La Fayette aida puissamment à
maintenir l'harmonieuse coopération des armées
des deux nations. A une époque plus avancée
encore de la guerre, ce fut l'influence de La Fayette
à la cour de France et sa persistance à mettre
devant elle les besoins de la jeune république qui
obtinrent l'envoi d'une seconde expédition sous de
Ternay et de Rochambeau, sans laquelle il n'y eût
pas eu de Yorktown. Lors de sa visite en France,
pendant l'année critique de la guerre, en 1779, La
Fayette fit à la cour appel sur appel, avança argument sur argument, tantôt au nom de l'honneur
et de la gloire de la France, tantôt au nom de la
détresse de l'Amérique, et, en même temps, avec
le tact le plus délicat, insista pour que les forces

de la France n'allassent en Amérique que comme auxiliaires des troupes américaines, sujettes, comme elles, au commandement suprême de Washington. Le succès couronna ses efforts. Toute difficulté disparaissait devant le flot de son enthousiasme. « C'est bien, dit de Maurepas, que La Fayette ne demande pas que Versailles soit dépouillé de ses meubles pour ses chers Américains, car Versailles le serait ! »

Tant que flottera le drapeau étoilé, le nom de La Fayette sera aimé et honoré au-delà de l'Atlantique, et le pays qui lui donna le jour et dont l'esprit chevaleresque trouvait en lui une si parfaite personnification sera aimé et honoré aux États-Unis d'Amérique.

Mais, après tout, le titre principal de La Fayette à notre amour et à nos honneurs, c'est que, dans nos traditions historiques, sa figure héroïque se dresse sans cesse devant notre imagination comme le symbole enchanteur de la magnanimité que la France elle-même montra envers notre pays dans sa lutte pour l'indépendance.

La valeur de l'appui que la France nous donna dans notre guerre est tout simplement inestimable ; la joie que le souvenir de cet appui réveille en nous est celle-là même que nous donne la conscience de notre vie et de notre liberté.

Le premier répondant de notre nationalité, ce fut la France. La République des États-Unis fit son entrée dans la grande famille des nations, appuyée sur le bras de la France, irradiée de la splendeur de son histoire et forte de la force de sa stature gigantesque. Lorsque Franklin franchit le seuil du palais de Versailles, comme envoyé de l'Amérique et que Gérard de Rayneval, en sa qualité de ministre de France, salua le Congrès américain à Philadelphie, la jeune République sentit en elle une nouvelle vie, une nouvelle force, une nouvelle dignité. La parole même fut refusée aux envoyés de la Grande-Bretagne, qui apportaient à l'Amérique la concession des droits et privilèges qu'on avait autrefois demandés en vain. Le Congrès déclara solennellement que l'indépendance du pays était dorénavant assurée et proclama l'existence d'une nouvelle nation : Washington reçut la bonne nouvelle à Valley-Forge, où le froid et la faim avaient presque épuisé la patience héroïque de son armée. Invitant ses soldats à remercier le Dieu Tout-Puissant des bénédictions qu'il venait de leur octroyer, il prit, avec une énergie inaccoutumée, son sabre en main, et avec une ardeur irrésistible, se mit en marche vers le triomphe définitif — il le sentait dès maintenant — que le ciel tenait sûrement en réserve.

La France versa dans notre trésor appauvri, en prêts et en dons, de fortes sommes d'argent, sans lesquelles il nous eût été impossible de tenir notre armée en campagne. Au début même de la guerre elle avait mis un million de livres à notre disposition pour acheter des approvisionnements militaires et avait persuadé à l'Espagne de nous allouer pour le même usage un autre million. Puis, une fois que notre indépendance eut été formellement reconnue, notre Congrès envoya à Paris demandes sur demandes, et reçut en réponse millions sur millions du trésor de France. Parfois — et nous n'avons pas à nous en étonner — le ministre des finances de France faisait de courtoises remontrances au sujet des « demandes immenses » du Congrès ; néanmoins, ces demandes immenses étaient invariablement accordées, jusqu'au point où le trésor de France ne put pas suffire à la fois aux dépenses de l'armée et de la marine françaises, engagées dans la guerre, en vertu d'un traité d'alliance avec nous, et aux exigences toujours croissantes de notre Congrès. Et alors que fit la France? Dépassant les bornes de tout ce que l'on peut attendre, même de l'allié le plus dévoué, le roi fit garantir par son Gouvernement le paiement régulier de l'intérêt d'une somme de dix millions de livres que nous devions recevoir de la Hollande.

Quand, en 1782, Franklin fit le relevé de notre compte avec la France, il trouva que, outre la garantie du paiement de cet intérêt à la Hollande, la France nous avait avancé, des deniers de son trésor, des prêts s'élevant à dix-huit millions de livres — laquelle somme fut l'année suivante augmentée de six autres millions —, qu'elle nous avait et servi, en dons gratuits, douze millions de livres, « de quelle somme, écrivit Franklin à son gouvernement, la France ne s'attend à recevoir d'autres remboursements que ceux de la reconnaissance ». Y a-t-il à s'étonner que Franklin ajoute : « La

2

reconnaissance qu'on nous demande sera, je l'espère, éternelle. »

La France envoya en Amérique verser leur sang pour notre cause ses intrépides soldats et marins, commandés par la fleur même de sa noblesse. Ce sont ses navires de guerre qui protégèrent nos côtes et tinrent nos ports — à l'exception de celui de New-York — ouverts au commerce. La coopération de l'armée et de la marine françaises nous donna la victoire de Yorktown. Cette victoire fut finale et décisive : elle conquit l'indépendance de l'Amérique. « Tout est fini », dit lord North quand on eut reçu la nouvelle à Londres. Aussi longtemps qu'elle se souviendra de sa propre existence, l'Amérique n'oubliera pas Yorktown, les hommes qui s'y battirent pour elle, les drapeaux qui les menèrent au triomphe. Et tu étais là, bien-aimé drapeau de la France, entrelaçant affectueusement tes plis avec ceux du drapeau d'Amérique ! Vous étiez là, de Grasse et de Barras, gardant contre toute voile ennemie les eaux de la Chesapeake ! Vous étiez là, représentants des noms les plus illustres de l'histoire de France, chefs de ses armées, vous étiez là, vous noble des nobles et chevaleresque Rochambeau ; vous, de Chastellux, de Lauzun, de Rouerie, de Dillon, de Viomenil, de Choisy, de Deux-Ponts, les deux de Laval-Montmorency, les deux de Saint-Simon — ce serait ma joie de vous nommer tous — vous étiez là, rivalisant de dévouement pour l'Amérique avec ses propres fils, Lincoln, Hamilton, Knox, Pickering, Laurens, et cet autre ami de la liberté, venu des pays allemands, Von Steuben, tous, sabre en main, attendant les ordres de Washington, commandant en chef des armées alliées ! Et vous aussi, vous étiez là, soldats de France, aussi prodigues de votre sang pour l'indépendance de l'Amérique que ses propres patriotes : bataillons de Deux-Ponts, de Dillon, du Bourbonnais, du Soissonnais, de la Saintonge, de la Touraine, d'Auxonne et de l'Agenais, et le vaillant régiment du Gâtinais, qui devait bientôt regagner le nom si convoité de Royal-Auvergne ! Et toi, La Fayette, pourrais-je t'oublier ! Non. A toi une place de choix dans ma liste de héros ! car tu étais là, Français et Américain, aimant passionnément et la France et l'Amérique, et répandant sur chacune d'elles une gloire éternelle !

« Ce fut la participation de la France dans la Guerre de l'Indépendance qui rendit possible la liberté de l'Amérique, au xviii° siècle. » Tel est le verdict de l'histoire, formulé par le savant et accompli biographe de La Fayette, notre ambassadeur actuel à la cour de Saint-Pétersbourg. Les colonies étaient déterminées à être libres : leur esprit de sacrifice était si brûlant, leurs méthodes étaient si pratiques que tôt ou tard leur indépendance devait venir. Mais que, sans l'aide de la France, elles aient pu gagner leur indépendance dans la guerre commencée en 1776, nous ne pouvons le croire.

Laissons les historiens raconter que le roi et les ministres de France virent dans la révolte des colonies et dans l'aide qu'on pourrait leur donner une opportunité pour la France de venger les humiliations du traité de 1763. Ce n'est pas à nous à demander que les hommes d'État se dévouent pour nous jusqu'à oublier les intérêts de leur propre pays. Ce que l'Amérique sait, ce qu'elle saura toujours, c'est que la France nous a donné le moyen de gagner notre indépendance, qu'elle nous l'a donné avec la plus gracieuse amitié et la plus chevaleresque générosité, que quand son roi et ses ministres nous accordèrent en son nom leur appui, ils furent applaudis par le peuple de France, qui s'intéressait vivement à la jeune république, à cause des principes élevés si intimement liés à son triomphe ou à sa défaite.

Oui, elle fut gracieuse, l'amitié de la France ; oui, elle fut chevaleresque, la générosité de la France ! Elle maintint à ses frais son armée et sa marine pendant qu'elles servaient en Amérique. Elle ne demanda aucun remboursement pour le coût de ses opérations militaires faites en notre faveur. De peur de faire naître en nous le moindre doute sur son désintéressement, elle défendit à ses généraux de penser à reconquérir le Canada. Pour donner toute satisfaction possible à notre fierté nationale, elle ne voulut nous servir qu'en qualité d'auxiliaire ; et elle insista pour que ses vieux bataillons prissent le second rang ; pour que ses amiraux et généraux, les survivants d'héroïques combats, s'inclinassent devant des Américains de même rang ; pour que tous fussent assujettis au commandement suprême de notre Washington, devenu ainsi le généralissime des forces alliées de

l'Amérique et de la France. Enfin la France resta
notre amie jusqu'au dernier moment de notre lutte,
résistant avec énergie à toute proposition de paix
qui ne donnerait pas pleine satisfaction aux légi-
times ambitions de l'Amérique.

Oui, la gratitude de l'Amérique revient à la
France d'autrefois, à Louis XVI, à Vergennes,
à Maurepas, qui alors en gouvernaient les destinées ; au peuple de France, qui portait de
si bonne grâce le fardeau que notre guerre lui
imposait ; aux marins et aux soldats de la France,
qui sacrifiaient leur vie sur les autels de la
liberté de l'Amérique. La gratitude de l'Amérique
revient à la France d'aujourd'hui, l'héritière des
droits et des gloires des gouvernants, des soldats
et du peuple français d'autrefois. Gouvernants,
soldats et peuple d'autrefois ne sont plus ; mais
la patrie qu'ils aimaient et représentaient reste,
la France reste, et à la France d'aujourd'hui et de
demain la République des États-Unis offre aujour-
d'hui ses remerciements et son amitié.

Une nouvelle nation avait pris place dans le monde : celle qui allait devenir les États-Unis, grands, riches, puissants, tels que nous les contemplons à l'aube du xxᵉ siècle. Mais prenons bien garde de limiter à l'établissement d'une nation, quelle qu'elle puisse être d'ailleurs, la signification de la guerre de l'indépendance de l'Amérique. Cette guerre-là, et par la grandeur de son but et par l'importance de ses résultats, dépasse mille autres guerres dont le récit remplit les pages de l'histoire. C'est qu'il y avait là en jeu un principe sublime, celui de la liberté civile et politique, et que le triomphe de ce principe en Amérique était le présage de son triomphe dans le monde entier. Voilà ce qui couvre d'une gloire toute particulière les champs de bataille de l'Amérique : voilà la vraie signification de la Révolution américaine, la vraie signification de l'œuvre accomplie en Amérique par La Fayette et les armées de la France.

L'Amérique s'était soulevée contre un gouvernement arbitraire et absolu. Elle avait tiré son épée au nom de la dignité humaine, pour devenir un peuple de citoyens libres.

A Dieu seul appartient, en droit propre, le pouvoir de régir les hommes. De lui seul provient toute l'autorité qui s'exerce dans la société civile. Toutefois cette autorité, il ne la donne pas directement à un seul ou à quelques-uns : non, il la donne au peuple, et c'est au peuple à décider qui l'exercera et dans quelle condition il l'exercera. Et une fois revêtus du pouvoir par délégation du peuple, les gouvernants, quels qu'ils soient, devront en user, non au profit particulier d'un seul ou de quelques-uns, mais pour le bien commun du peuple. Tout ceci n'est que l'enseignement le plus élémentaire de la raison et de la religion. Et pourtant cet enseignement n'a-t-il pas été oublié dans le courant de l'histoire ? Le pouvoir n'a-t-il pas été exercé, comme s'il était l'apanage exclusif des dynasties ou des classes, et ne semblait-il pas n'avoir d'autre but que de faire servir les intérêts du peuple aux ambitions du petit nombre ? C'est pourquoi la levée d'un peuple contre un gouvernement arbitraire et absolu, telle qu'on la voyait se produire au-delà de l'Atlantique, ne pouvait moins faire que de provoquer l'attention universelle, et le triomphe d'un semblable mouvement devait infailliblement éveiller en d'autres peuples le sentiment de leurs droits et la volonté de les maintenir.

Les colonies américaines allèrent même plus loin. Pour mieux affirmer que le pouvoir civil émane du peuple et n'existe que pour le bien du peuple, elles voulurent que chez elles il fût exercé par le peuple, au moyen d'une représentation populaire aussi directe et aussi nombreuse qu'il serait possible de l'obtenir, tout en maintenant la paix et l'ordre de la société. De là la forme républicaine de gouvernement adoptée par les colonies.

On ne dira pas assurément que la forme républicaine de gouvernement est essentielle à la bonne organisation de l'État et à la sauvegarde des droits du peuple, ni que cette forme est celle qui convient le mieux à tout pays. La forme de gouvernement qui convient le mieux à un peuple donné est une question dont il faut laisser la solution à ce peuple lui-même, capable, mieux que tout autre, de dire ce qui s'harmonise avec son caractère national et les besoins spéciaux créés par sa condition sociale. Il n'en reste pas moins vrai que la forme républicaine est par elle-même une expression fortement marquée des limites et des responsabilités du pouvoir, ainsi que des droits du peuple, et que, par conséquent, l'avènement d'une grande république, telle que celle des États-Unis, ne pouvait pas manquer d'avoir pour la liberté, dans le monde entier, les suites les plus importantes.

*

De fait, l'établissement de la République des États-Unis inaugura une ère nouvelle dans la vie de l'humanité, l'ère de l'élévation de la masse populaire à la puissance politique.

Notre siècle est le siècle de la démocratie. Chaque lustre des années à venir marquera une nouvelle étape dans la marche triomphale de la démocratie. Les mouvements politiques ne rétrogradent pas. Le peuple ne se dessaisit pas, excepté sous la contrainte, et alors seulement pour un temps, des droits dont il fut une fois le détenteur et de la puissance qui lui a une fois servi à maintenir et à étendre ses droits.

Ce serait perdre sa peine que de chercher un argument contre la démocratie dans les dangers qu'elle semble présenter. Ce que la sagesse conseille, c'est d'étudier ces dangers, quels qu'ils puissent être, afin de pouvoir les écarter.. La démocratie est entrée dans le monde : elle y restera. Désormais il faut que celui qui désire la suprématie aille la demander au peuple. Il faut qu'il recherche un à un les hommes qui constituent le peuple, qu'il éclaire leur esprit, qu'il forme leur conscience, qu'il gagne leurs sympathies. Agir ainsi, c'est réussir. Employer d'autres méthodes, c'est échouer. Le temps où l'on pouvait dominer par un décret de « bon plaisir » est passé pour ne plus revenir ; mais, à mesure que disparaissait ce temps-là, l'homme grandissait, et ceux qui désirent que l'homme grandisse ont le droit de se réjouir.

Pourquoi regretterions-nous l'avènement de la démocratie ? Qu'est-elle, si ce n'est la confiance dans la force native de la vérité et de la justice ? Le développement de l'esprit et de la volonté dans l'homme, voilà ce que doivent saluer tous ceux qui ont foi dans le progrès humain ou dans la civilisation chrétienne. Or, à mesure que l'esprit et la volonté se développent chez l'homme, se développe aussi chez lui la conscience de ses droits et de sa puissance. C'est alors que se forme chez lui la résolution de maintenir ses droits, de mettre sa puissance en action, d'écarter toute restriction oiseuse ou déraisonnable, qu'on voudrait imposer à ces droits et à cette puissance. Voilà comment la démocratie est engendrée! Voilà encore pourquoi, chez les peuples qui ont le plus tôt et le mieux compris la dignité humaine, la démocratie s'est déjà dressée dans toute sa force et toute sa beauté.

*
* *

Nous voici arrivés à contempler l'acte final de l'alliance de l'Amérique et de la France dans la guerre de l'Indépendance américaine.

Il s'est réalisé, ce rêve si cher à notre La Fayette! Côte à côte, comme autrefois à Yorktown, se dressent, dans la grande arène du monde, les deux puissants champions du nouveau siècle, l'Amérique et la France, toutes les deux républiques aujourd'hui, toutes les deux républiques demain, républiques par l'arrêt de ce qui est l'arbitre final des destinées politiques des nations, la volonté du peuple.

L'Amérique et la France ont la noble mission de donner à l'univers la leçon vivante de la liberté civile et politique. Qu'elles soient fidèles à leur mission, c'est la prière de tous ceux qui veulent le bien de l'humanité.

Pour mieux s'assurer la jouissance de la liberté, elles ont revêtu la plus haute forme de la démocratie : elles se sont faites républiques. A elles donc de démontrer qu'une telle forme de gouvernement peut subsister au milieu des passions et des tempêtes de l'humanité. A elles de démontrer que la démocratie ne ment pas lorsqu'elle nous promet les plus pures et les plus douces joies de la liberté.

Inutile d'ajouter que, malgré toute leur bonne volonté, elles n'arriveront pas à la pleine réalisation de l'idéal qu'elles se proposent. Aussi longtemps que ce seront des hommes marchant vers un idéal, il entrera toujours dans la réalisation pratique de cet idéal les imperfections des hommes.

Il y aura de temps à autre les inconséquences et les contradictions que la condition limitée de l'esprit humain et le jeu des intérêts personnels ne manqueront pas d'engendrer.

Que nos deux républiques, cependant, fassent, sans cesse les plus loyaux efforts pour que l'égalité des enfants de Dieu reste la base inébranlable de leurs institutions, pour que la liberté devienne de plus en plus le ressort de leur vie nationale, au moins dans la mesure où ce sublime esprit qui nous vient des cieux peut trouver sa réalisation sur la terre.

Qu'elles justifient la démocratie aux yeux du genre humain, en garantissant l'application effective des principes obligatoires, indispensables à la bonne marche de la vie sociale, qui est la condition nécessaire de l'humanité, en sauvegardant efficacement pour chacun la dignité personnelle et le droit d'agir en vue de sa fin que l'homme tient de son divin Créateur, en assurant l'intégrité des forces et le développement de la grandeur de la nation.

Et maintenant, que ce qui se dit aujourd'hui se dise demain, se dise pendant les siècles à venir !

Ici, sur cette place historique, dans la capitale de la France, où se rencontrent les nations de la terre, avec la gracieuse permission de la France, l'Amérique veut, en souvenir de ce jour, laisser un interprète de sa gratitude envers la France, pour la participation de celle-ci dans la Guerre d'Indépendance ; un représentant des principes de liberté qui furent l'âme et la vie de cette grande lutte.

Et cet interprète, ce représentant, qui sera-t-il ? Si la vérité a des droits, si le mérite a une récompense, qui pourrait-il être, sinon Gilbert du Motier, marquis de La Fayette ?

Donc, génie de l'Art, nous t'en prions, rends-nous notre La Fayette. Fais-le revivre dans sa France pour qu'il lui parle à elle et au monde entier.

Qui, à plus de titres, pourrait dire à la France la gratitude de l'Amérique ? La Fayette connaissait l'Amérique. Il connaissait la France. Souvent il a parlé de l'Amérique à la France. Toujours il a su lire juste dans le cœur de l'Amérique,

Toujours il a su toucher la corde sensible dans le cœur de la France. Qu'il parle de nouveau. Qu'il parle aujourd'hui, qu'il parle demain — au nom de l'Amérique — à la France !

Qui, à plus de titres, pourrait représenter les idées de liberté et d'égalité pour lesquelles lui et Washington ont combattu ? La passion de son âme, l'inspiration de ses pensées, le mobile de ses actes, c'était la liberté. La liberté l'attira vers l'Amérique. La liberté lui fit répéter des paroles de feu dans les assemblées des États-Généraux de France. La liberté le conduisit à la prison d'Olmütz. Il comprit — personne ne le comprit mieux — ce que c'est que la vraie liberté ; et comme il la comprit, il l'aima et la défendit jusqu'à la mort.

Haïssant le gouvernement arbitraire du despotisme comme les émeutes chaotiques de l'anarchie, il se posa comme défenseur des droits de la personne humaine que l'absolutisme anéantit ou ruine en les dénaturant. Ces droits, il les défendit au nom de la dignité égale de tous les hommes, en vue d'assurer également à chacun la garantie inviolable de sa conscience religieuse et les prérogatives de citoyen libre ; et, pour les défendre, il résista aussi bien aux colères qu'aux séductions du potentat.

Quand, en France, la lutte pour la liberté dégénéra en sauvage licence, il se démit du commandement qu'il avait accepté au nom de la nouvelle constitution française, garante de la liberté et de l'ordre civil, et qu'il aurait pu retenir, s'il avait voulu être le serviteur de la terreur jacobine : il prit le chemin de l'exil, qui le mena à la prison d'Olmütz. Il eut à souffrir des partis extrêmes, parce qu'il voulut toujours garder le juste milieu. Aussi, nous qui aimons et révérons la vraie liberté, aimons-nous et révérons-nous le nom de La Fayette.

Et maintenant, La Fayette, reçois ton mandat : tu parleras de la gratitude de l'Amérique envers la France, tu parleras de la liberté pour laquelle l'Amérique et la France ont jadis lutté ensemble, et qu'aujourd'hui elles chérissent et défendent ensemble. Tu parleras aux siècles à venir, car,

pendant les siècles à venir, durera la gratitude d
l'Amérique envers la France et rayonnera l
liberté !

Tours, imprimerie DESLIS FRÈRES, rue Gambetta, 6.